미워도 내 동생

글/그림 박보영

내가 지금보다 어렸을 때는요. 엄마, 아빠 그리고 나, 이렇게 세 식구였어요.
나는 엄마와 아빠의 사랑을 혼자 듬뿍 받았어요.
엄마, 아빠는 항상 내 말에 귀를 기울이고 나를 세상에서 제일 사랑한다고 했어요.

그러던 어느 날 갑자기 엄마의 배가 풍선처럼 점점 커지기 시작하더니
나에게 동생이 생길 거라고 했어요. 나는 매일 엄마와 아빠에게 물었어요.
"도대체 동생은 엄마 뱃속에서 언제 나오는 거예요?"
동생이 생기면 같이 놀 수 있겠다는 생각에 하루하루 설레었어요.

봄, 여름, 가을이 지나고 겨울이 되자 하얀 눈송이 같은 내 동생이 태어났어요.
"우와~ 드디어 나에게도 동생이 생겼다!"

내 동생은 정말 작고 귀여운 엄지공주 같았어요.
너무 작고 귀여워서 나는 보고 또 바라보았죠.

나는 동생을 매일 안아 주고, 책도 읽어 주었어요.

동생이 까르르 웃는 모습을 보면 나까지 기분이 좋아서,
계속 웃을 수 있게 웃긴 표정도 지어 주었어요.

동생이 점점 자라면서 처음에는 누워만 있다가
엎드릴 수 있게 되고, 혼자 앉을 수 있게 되고,
기어 다닐 수 있게 되더라고요.
그때까지만 해도 아주 귀엽고 예뻤어요.

그런데 동생이 걷기 시작하면서 미워지기 시작했어요.

알록달록 예쁜 한복을 입어도 못생긴 돼지처럼 보였죠.

내가 장난감을 가지고 놀면 옆으로 와서 뺏으려 하고,
블록을 쌓으면 모두 무너뜨리기만 했어요.

맛있는 김밥을 먹을 때면
꼭 내 접시에 있는 김밥까지 모두 뺏어 가서 돼지처럼 먹었어요.

그리고 가만히 있는 나에게 다가와서
머리를 잡아당기고, 꼬집고, 때리기도 했어요.

그런데 무엇보다도 슬프고 화가 났던 건
나만 사랑했던 엄마와 아빠의 사랑을 모두 빼앗아 간 거예요.
엄마 아빠는 이제 동생이 하는 모든 사소한 행동에 손뼉을 쳤어요.
그리고 나에게는 관심도 없었어요.

나는 생각했어요.
어떻게 하면 동생이 사라지고
다시 나 혼자가 될 수 있을지요.

아! 시장에서 내 동생을 팔아 볼까?
"아기 돼지 사세요~, 아기 돼지 사세요~."

아니지, 아무도 안 사 가면 어떡해?

아! 풍선에 매달아서 날려 보낼까?

아니지, 풍선이 날아가다가 터져 버리면 어떡해?

아! 종이배를 만들어서 강에다 떠내려 보낼까?

아니지, 그러다 종이배가 망가져서 동생이 물에 빠지면 어떡해?

아! 동생을 가지고 싶어 하는 친구에게

내 동생을 선물로 주면 되겠다!

아니지, 친구가 싫다고 다시 돌려주면 어떡해?

그때 갑자기 밖에서 자동차 소리가 들렸어요.
"엄마, 아빠가 요즘 바빠서 네 동생은 할머니 댁에 가 있을 거야."

'유후~! 신난다! 맛있는 것도 혼자 다 먹을 수 있고
재미있는 것도 혼자 할 수 있겠다!'
나는 혼자 놀 수 있겠다는 생각에 정말 신났어요.

그런데 시간이 지날수록 마음이 이상했어요.

놀이터에서 혼자 노는 데 재미가 없고,

제일 좋아하는 꿀떡을 먹어도 별로 맛이 없고,

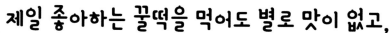

좋아하는 음악을 들어도
별로 신나지 않았어요.

'아! 그럼 그림을 그리자! 무슨 그림을 그릴까...?'
그런데 나도 모르게 동생이랑 놀고 있는 그림을 그리고 있었어요.
그리고 동생이랑 함께했던 일들이 생각났어요.

동생이 자동차를 밀어 주고,

동생이랑 시장에서 공짜 수박을
맛있게 먹고,

동생이랑 책도 같이 보고...

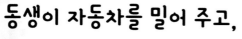

"으앙~ 동생아, 보고 싶어!"
나는 보고 싶은 동생을 기다리고 또 기다렸어요.

그리고 마침 동생이 집에 돌아왔죠.
"오빠!"

동생이 나에게 달려와서 나는 힘껏 안아줬어요.

내 동생이 가끔은 너무 미워서 아주 못생긴 돼지처럼 보여요.
하지만 나는 내 동생을 정말 많이 사랑해요.
동생을 보면 안아 주고 싶고 보살펴 주고 싶어요.
그리고 동생이랑 함께 노는 게 훨씬 더 재밌어요.

"동생아! 그래도 오빠 것 좀 뺏어 먹지 말아 주라. 알았지?"

"쉿! 이건 비밀인데요.
나는 우리 오빠가 가끔 원숭이처럼 보여요!"

글/그림 박보영

단순하면서도 창의적인 것을 추구하는 자연주의자.
세상을 여행하면서 다양한 언어와 문화를 배우고, 삶의 진정한 아름다움을 꿈꾼다.
그리고 그것을 우리 아이들에게 어떻게 전달할 수 있을지를 연구한다.

미워도 내 동생

초판 1쇄 발행 2021년 08월 15일

펴낸이_ 김동명
펴낸곳_ 도서출판 창조와 지식
디자인_ 박보영
인쇄처_ (주)북모아

출판등록번호_ 제2018-000027호
주소_ 서울특별시 강북구 덕릉로 144
전화_ 1644-1814
팩스_ 02-2275-8577

ISBN 979-11-6003-345-8 77810

정가 18,000원

지식의 가치를 창조하는 도서출판
www.mybookmake.com 창조와 지식
CREATION & KNOWLEDGE